Impressum
Verlag: BABADADA GmbH, Nedderfeld 112 , 22529 Hamburg
Geschäftsführer / Verlagsleitung: Harald Hof
Druck: Books on Demand GmbH, In de Tarpen 42, 22848 Norderstedt

Imprint
Publisher: BABADADA GmbH, Nedderfeld 112 , 22529 Hamburg, Germany
Managing Director / Publishing direction: Harald Hof
Print: Books on Demand GmbH, In de Tarpen 42, 22848 Norderstedt

koulu

школа

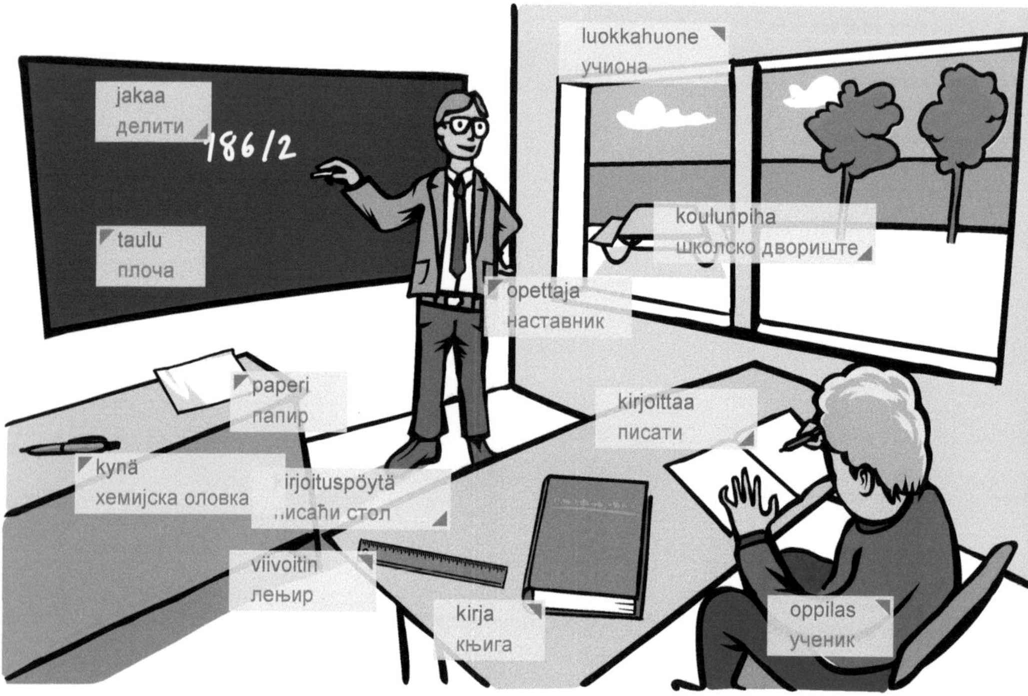

luokkahuone
учиона
jakaa
делити
186/2
koulunpiha
школско двориште
taulu
плоча
opettaja
наставник
paperi
папир
kirjoittaa
писати
kynä
хемијска оловка
irjoituspöytä
исаћи стол
viivoitin
лењир
kirja
књига
oppilas
ученик

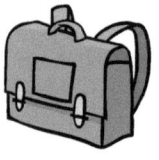

reppu

торба

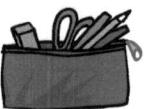

penaali

перница

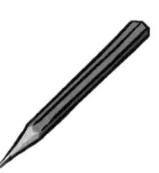

lyijykynä

графитна оловка

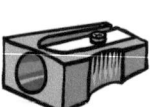

kynänteroitin

шиљило за оловке

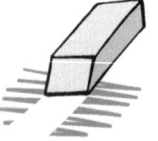

pyyhekumi

гумица за брисање

piirustuslehtiö

блок за цртање

piirustus

цртеж

pensseli

кист

vesivärit

кутија са бојама

sakset

маказе

liima

лепило

harjoituskirja

бележница

kotitehtävä

домаћи задатак

luku

број

lisätä

сабирати

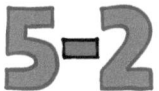

vähentää

одузимати

kertoa

множити

laskea

рачунати

kirjain

слово

aakkoset

абецеда

sana

реч

teksti

текст

lukea

читати

liitu

креда

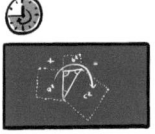

oppitunti

час

opettajan muistikirja

дневник

koe

испит

todistus

сведочанство

koulupuku

школска униформа

koulutus

образование

sanakirja

лексикон

yliopisto

универзитет

mikroskooppi

микроскоп

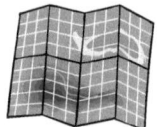

kartta

карта

roskakori

кошара за папир

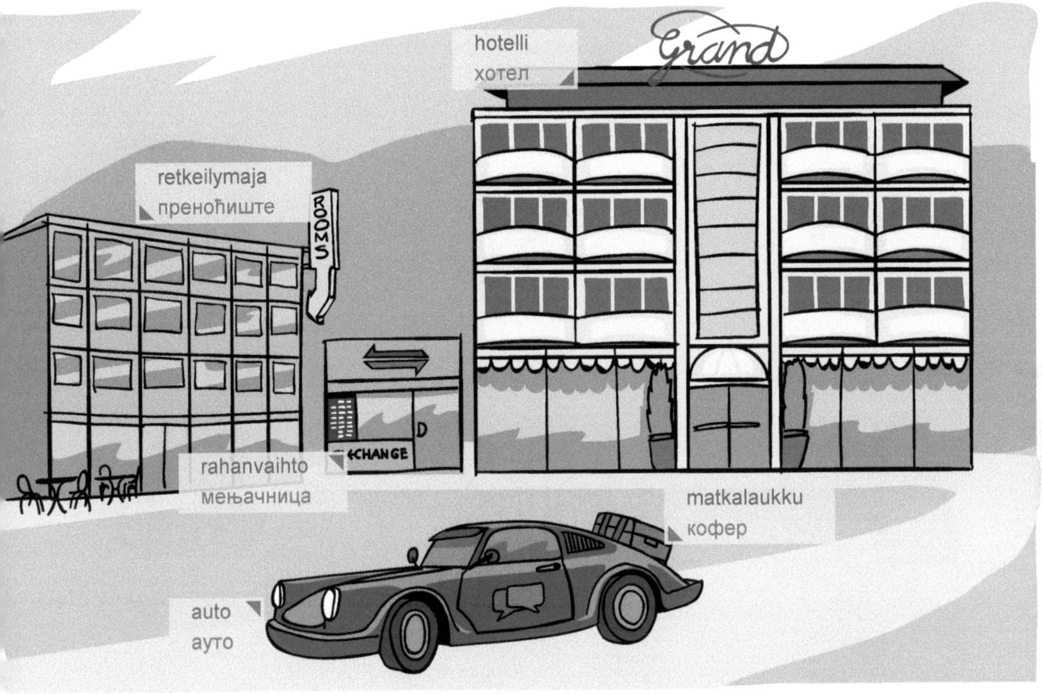

hotelli
хотел
Grand
retkeilymaja
преноћиште
ROOMS
CHANGE
rahanvaihto
мењачница
matkalaukku
кофер
auto
ауто

kieli

језик

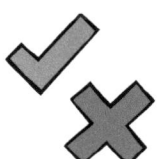

kyllä / ei

да / не

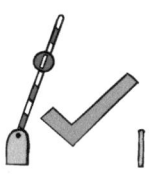

selvä

океј

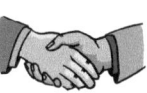

hei

здраво

tulkki

преводилац

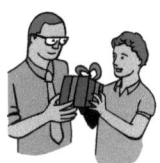

kiitos

хвала

Paljonko...maksaa?

Колико кошта...?

en ymmärrä

не разумем

ongelma

проблем

Hyvää iltaa!

добро вече!

Hyvää huomenta!

Добро јутро!

Hyvää yötä!

Лаку ноћ!

näkemiin

довиђења

suunta

смер

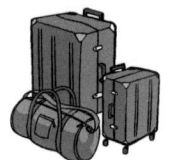

matkatavarat

пртљага

laukku

торба

reppu

руксак

vieras

гост

huone

соба

makuupussi

вређа за спавање

teltta

шатор

turisti-info

туристичке информације

ranta

плажа

luottokortti

кредитна картица

aamupala

доручак

lounas

ручак

päivällinen

вечера

matkalippu

карта за вожњу

hissi

лифт

postimerkki

поштанска маркица

raja

граница

tulli

царина

suurlähetystö

амбасада

viisumi

виза

passi

пасош

kuljetus

транспорт

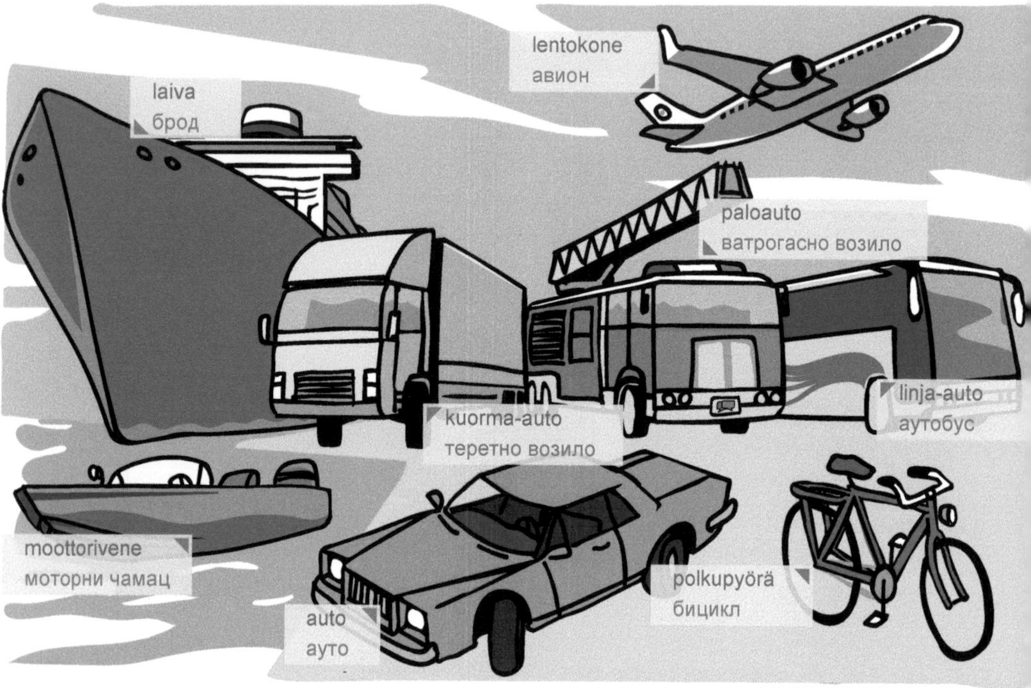
lentokone
авион
laiva
брод
paloauto
ватрогасно возило
linja-auto
аутобус
kuorma-auto
теретно возило
moottorivene
моторни чамац
polkupyörä
бицикл
auto
ауто

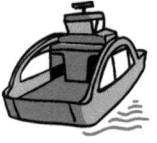

lautta
трајект

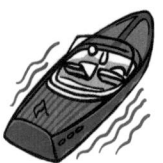

vene
чамац

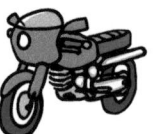

moottoripyörä
мотоцикл

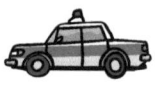

poliisiauto
полицијски ауто

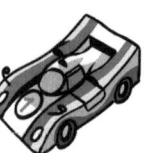

kilpa-auto
тркаћи ауто

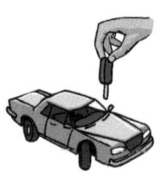

vuokra-auto
изнајмљено ауто

car sharing

дељење аутомобила

hinausauto

вучно возило

roska-auto

возило за одвоз смећа

moottori

мотор

polttoaine

бензин

huoltoasema

бензинска станица

liikennemerkki

саобраћајни знак

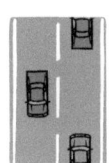

liikenne

саобраћај

ruuhka

застој

parkkipaikka

паркиралиште

rautatieasema

железничка станица

raiteet

шине

juna

воз

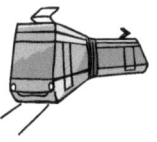

raitiovaunu

трамвај

vaunu

вагон

helikopteri

хеликоптер

lentokenttä

аеродром

lähilennonjohto

кула

matkustaja

путник

kontti

контејнер

pahvilaatikko

картон

kärryt

колица

kori

корпа

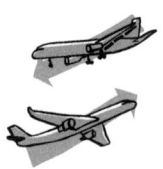

nousta / laskea

узлетети / слетети

kaupunki

град

kylä

село

keskusta

центар града

talo

кућа

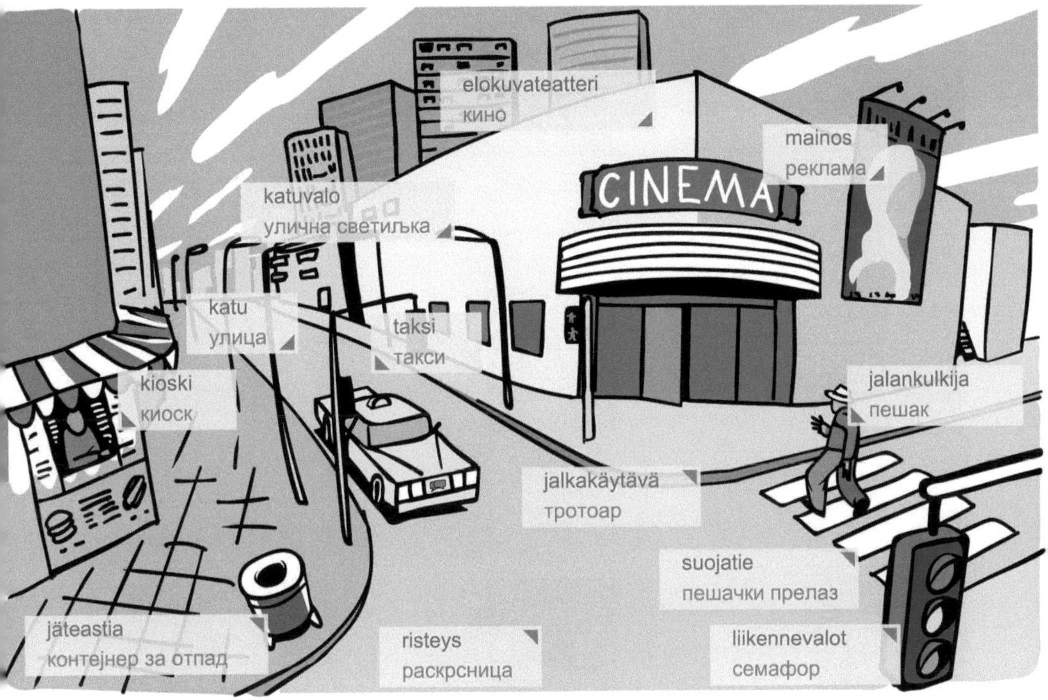

elokuvateatteri
кино

mainos
реклама

katuvalo
улична светиљка

katu
улица

taksi
такси

kioski
киоск

jalankulkija
пешак

jalkakäytävä
тротоар

suojatie
пешачки прелаз

jäteastia
контејнер за отпад

risteys
раскрсница

liikennevalot
семафор

mökki
колиба

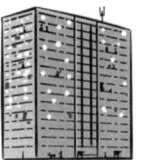

kerrostalo
стан

rautatieasema
железничка станица

kaupungintalo
већница

museo
музеј

koulu
школа

yliopisto

универзитет

pankki

банка

sairaala

болница

hotelli

хотел

apteekki

апотека

toimisto

канцеларија

kirjakauppa

књижара

liike

продавница

kukkakauppa

цвећара

supermarketti

супермаркет

tori

трг

tavaratalo

робна кућа

kalakauppias

рибарница

ostoskeskus

трговачки центар

satama

лука

puisto

парк

penkki

клупа

silta

мост

portaat

степенице

metro

подземна железница

tunneli

тунел

linja-autopysäkki

аутобуска станица

baari

бар

ravintola

ресторан

postilaatikko

поштанско сандуче

katukyltti

улични знак

parkkimittari

паркирни аутомат

eläintarha

зоолошки врт

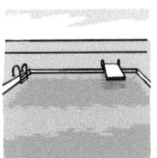

uimala

базен

moskeija

џамија

maatila

сеоско газдинство

ympäristön saastuminen

загађење околине

hautausmaa

гробље

kirkko

црква

leikkikenttä

игралиште

temppeli

храм

maisema

пејсаж

lehti
лист

tienviitta
путоказ

tie
пут

niitty
ливада

kivi
камен

retkeilijä
шетач

puu
дрво

joki
река

ruoho
трава

kukka
цвет

laakso
долина

vuori
планина

järvi
језеро

metsä
шума

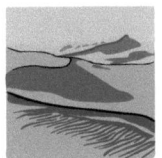

aavikko
пустиња

tulivuori
вулкан

linna
дворац

sateenkaari
дуга

sieni
гљива

palmu
палма

hyttynen
москито

kärpänen
мува

muurahainen
мрав

mehiläinen
пчела

hämähäkki
паук

kovakuoriainen

буба

sammakko

жаба

orava

веверица

siili

јеж

jänis

зец

pöllö

сова

lintu

птица

joutsen

лабуд

villisika

дивља свиња

peura

јелен

hirvi

лос

pato

насип

tuulimylly

ветрењача

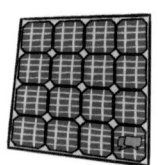

aurinkopaneeli

соларна плоча

ilmasto

клима

ravintola

ресторан

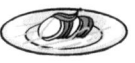

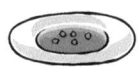

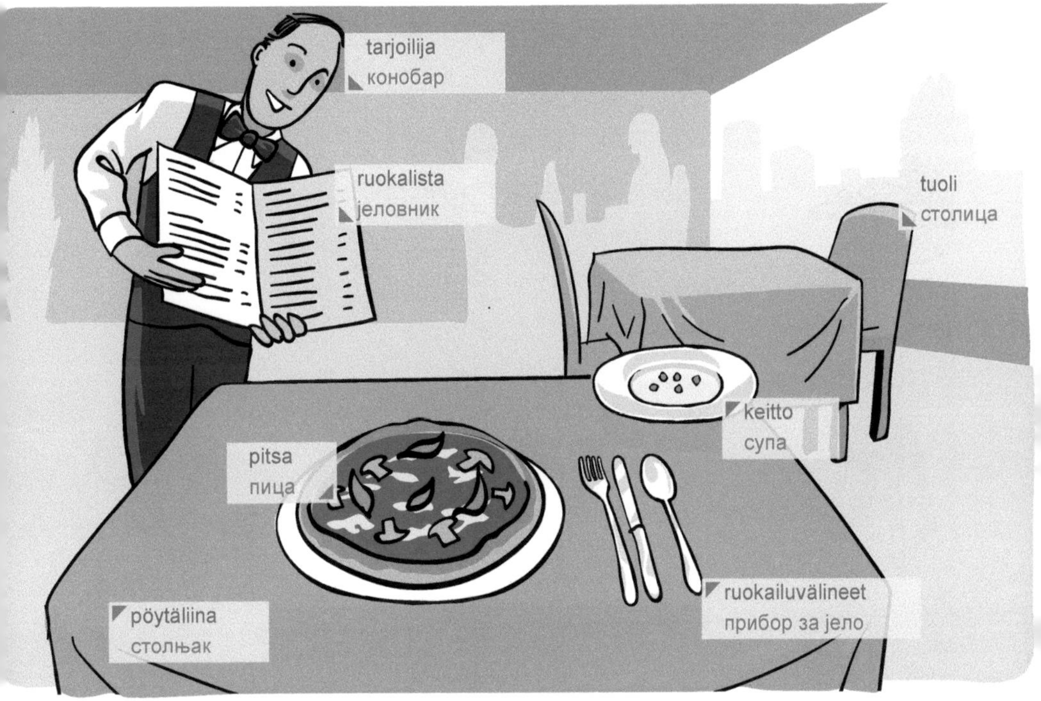
tarjoilija
конобар
ruokalista
јеловник
tuoli
столица
keitto
супа
pitsa
пица
ruokailuvälineet
прибор за јело
pöytäliina
столњак

alkuruoka

предјело

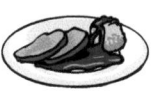

pääruoka

главно јело

jälkiruoka

десерт

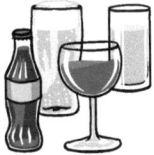

juomat

напитци

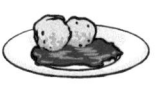

ruoka

јело

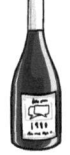

pullo

флаша

pikaruoka

брза храна

katuruoka

имбис храна

teekannu

чајник

sokeriastia

доза за шећер

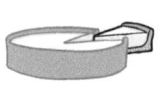

annos

порција

espressokeitin

апарат за еспресо

syöttötuoli

висока столица

lasku

рачун

tarjotin

послужавник

veitsi

нож

haarukka

виљушка

lusikka

кашика

teelusikka

чајна кашика

servietti

салвета

lasi

чаша

ravintola - ресторан

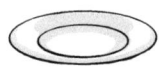

lautanen

тањир

syvä lautanen

тањир за супу

aluslautanen

тањирић

kastike

сос

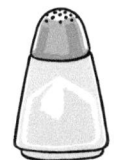

suolasirotin

сољенка

pippurimylly

млин за бибер

etikka

сирће

öljy

уље

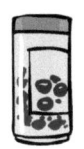

mausteet

зачини

ketsuppi

кечап

sinappi

сенф

majoneesi

мајонеза

supermarketti
супермаркет

tarjous
понуда
FOR
asiakas
купац
maitotuotteet
млечни производи
hedelmät
воћe
ostoskärryt
колица за куповину

BUTCHERS

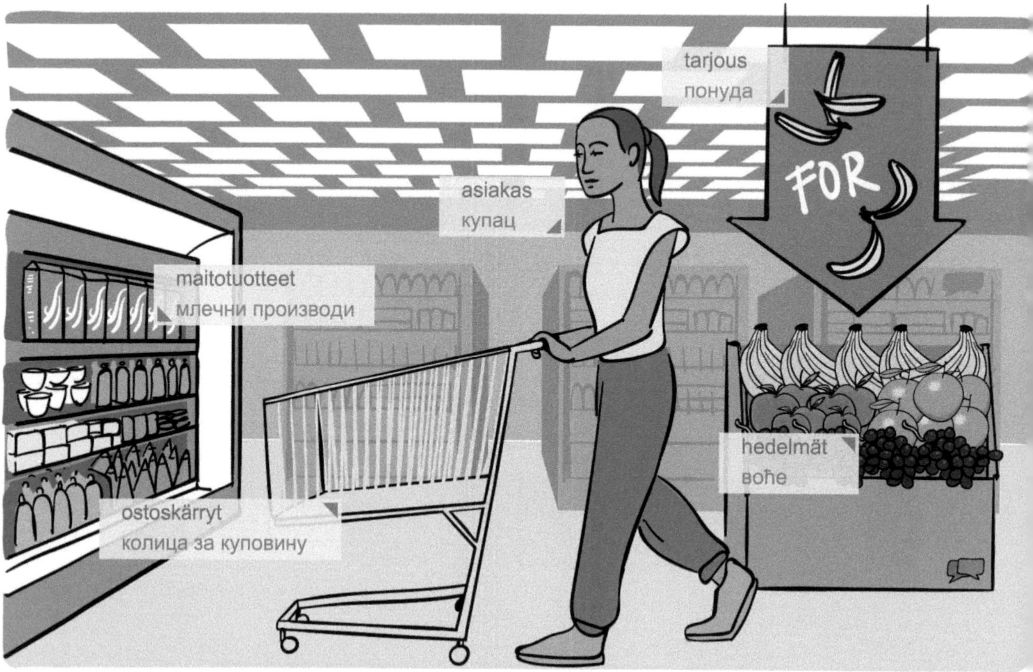

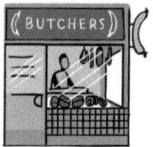

teurastamo

месница

BAKERY

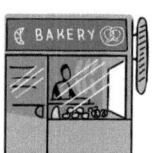

leipomo

пекара

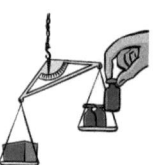

punnita

вагати

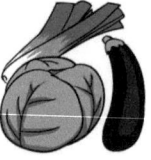

kasvikset

поврће

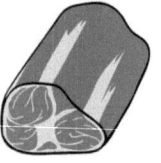

liha

месо

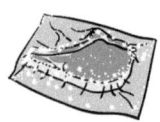

pakasteet

смрзнута храна

leikkele

нарезак

säilykkeet

конзерве

pesujauhe

средство за прање

makeiset

слаткиши

kotitaloustarvikkeet

артикли за домаћинство

puhdistusaineet

средства за чишћење

myyjä

продавачица

kassa

благајна

kassanhoitaja

благајник

ostoslista

листа за куповину

aukioloajat

време рада

lompakko

новчаник

luottokortti

кредитна картица

kassi

торба

muovipussi

пластична кеса

vesi

вода

mehu

сок

maito

млеко

kokis

кола

viini

вино

olut

пиво

alkoholi

алкохол

kaakao

какао

tee

чај

kahvi

кава

espresso

еспресо

cappuccino

капућино

banaani

банана

omena

јабука

appelsiini

наранџа

meloni

лубеница

sitruuna

лимун

porkkana

шаргарепа

valkosipuli

бели лук

bambu

бамбус

sipuli

лук

sieni

гљива

pähkinät

орашасти плодови

spagetti

резанци

spagetti

шпагете

riisi

рижа

salaatti

салата

ranskalaiset

помфрит

paistetut perunat

печени крумпир

pitsa

пица

hampurilainen

хамбургер

voileipä

сендвич

leike

шницла

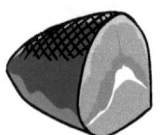

kinkku

шунка

salami

салама

makkara

кобасица

kana

кокош

paisti

печење

kala

риба

kaurahiutaleet

зобене пахуљице

mysli

мусли

murot

кукурузне пахуљице

jauho

брашно

voisarvi

кроасан

sämpylä

пециво

leipä

хлеб

paahtoleipä

тоаст

keksit

кекси

voi

маслац

rahka

свежи сир

kakku

колач

kananmuna

jaje

paistettu kananmuna

jaje на око

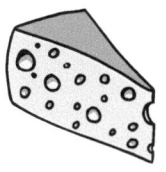

juusto

сир

jäätelö

сладолед

sokeri

шећер

hunaja

мед

hillo

мармелада

suklaapähkinälevite

нугат крема

curry

кари

maatila

сеоско газдинство

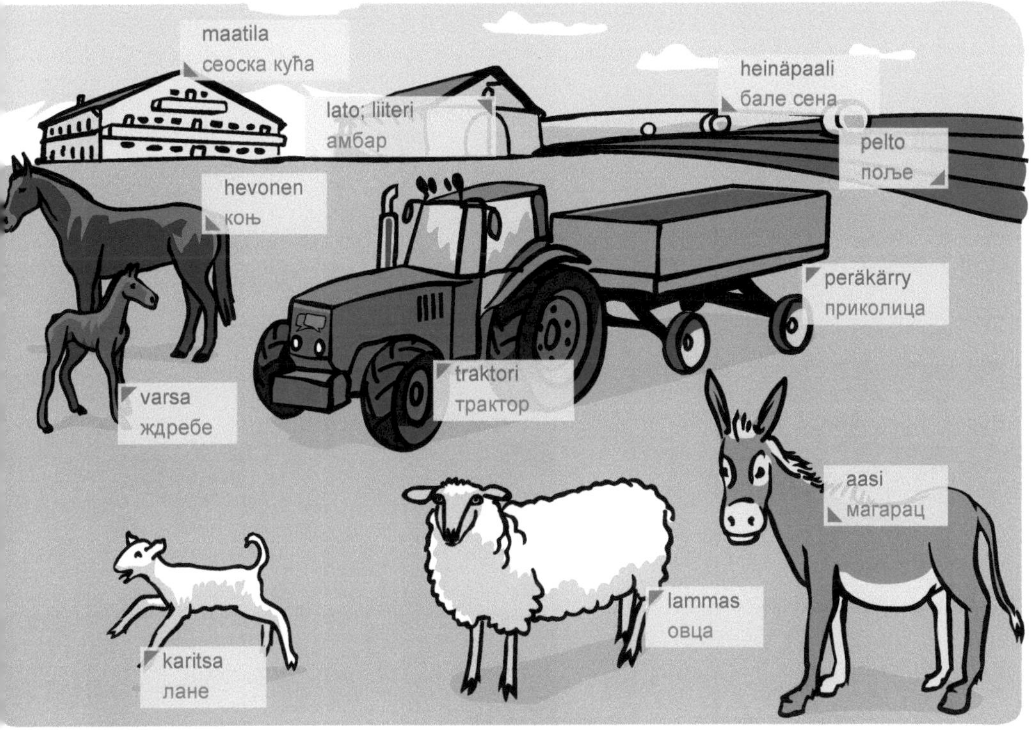
maatila
сеоска кућа
lato; liiteri
амбар
heinäpaali
бале сена
pelto
поље
hevonen
коњ
peräkärry
приколица
varsa
ждребе
traktori
трактор
aasi
магарац
lammas
овца
karitsa
лане

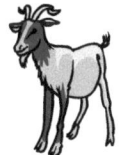

vuohi

коза

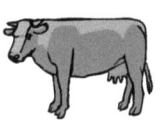

lehmä

крава

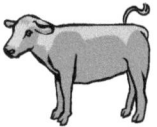

vasikka

теле

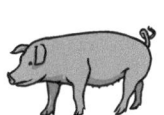

sika

свиња

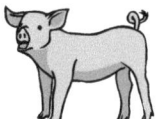

porsas

прасе

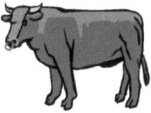

sonni

бик

hanhi

гуска

ankka

патка

tipu

пилићи

kana

кокош

kukko

петао

rotta

пацов

kissa

мачка

hiiri

миш

härkä

вол

koira

пас

koirankoppi

кућица за пса

puutarhaletku

вртно црево

kastelukannu

канта за поливање

viikate

коса

aura

плуг

sirppi

срп

kuokka

мотика

talikko

виљушка за ђубриво

kirves

секира

kottikärryt

тачке

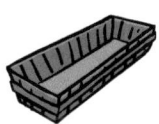

kaukalo

корито

maitokannu

посуда за млеко

säkki

врећа

aita

ограда

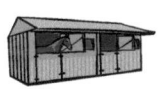

talli

штала

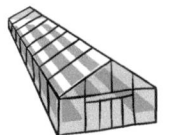

kasvihuone

стакленик

maa

земља

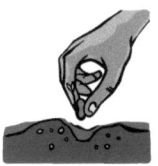

siemen

семе

lannoite

ђубриво

leikkuupuimuri

комбајн

kerätä sato
жети

sato
жетва

jamssit
јамс зачин

vehnä
пшеница

soija
соја

peruna
крумпир

maissi
кукуруз

rypsi
уљана репица

hedelmäpuu
воћка

maniokki
гомољ маниоке

vilja
житарице

maatila - сеоско газдинство

talo

кућа

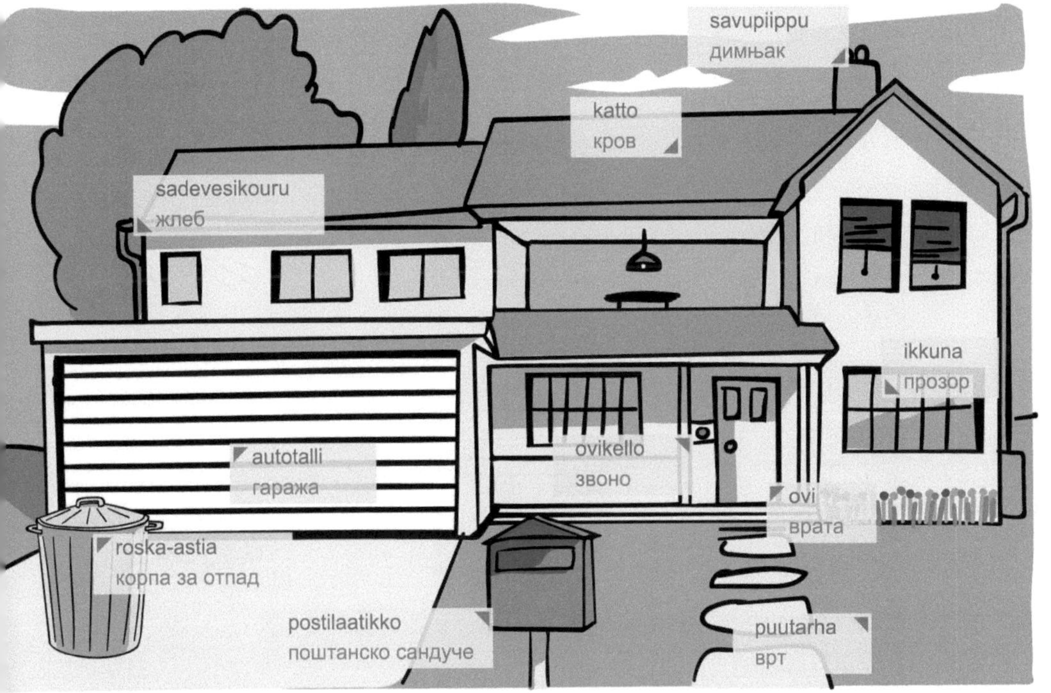

savupiippu
димњак
katto
кров
sadevesikouru
жлеб
ikkuna
прозор
autotalli
гаража
ovikello
звоно
ovi
врата
roska-astia
корпа за отпад
postilaatikko
поштанско сандуче
puutarha
врт

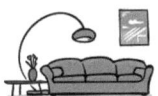

olohuone

дневна соба

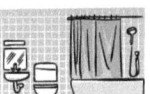

kylpyhuone

купаоница

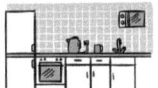

keittiö

кухиња

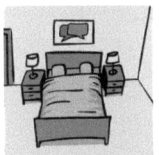

makuuhuone

спаваћа соба

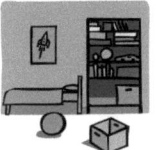

lastenhuone

дечија соба

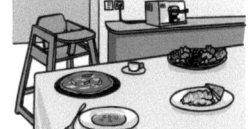

ruokahuone

трпезарија

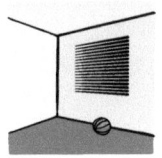

lattia

под

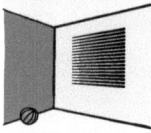

seinä

зид

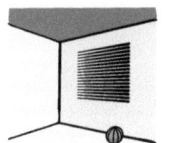

katto

строп

kellari

подрум

sauna

сауна

parveke

балкон

terassi

тераса

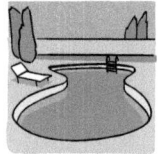

uima-allas

базен

ruohonleikkuri

косилица за траву

lakana

постељина за кревет

päiväpeitto

дека за кревет

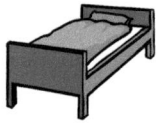

sänky

кревет

harja

метла

ämpäri

канта

katkaisin

прекидач

olohuone
дневна соба

tapetti
тапета
kuva
слика
lamppu
светиљка
hylly
регал
kaappi
ормар
televisio
телевизија
takka
камин
kukka
цвет
tyyny
јастук
sohva
кауч
maljakko
ваза
kaukosäädin
даљински управљач

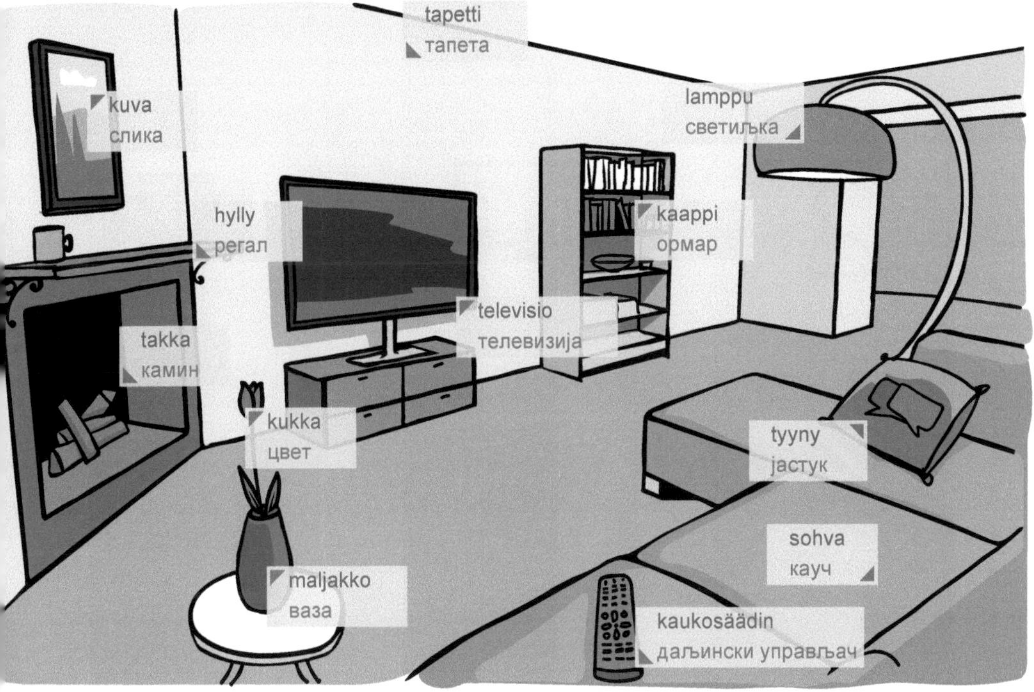

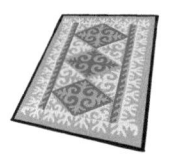

matto
тепих

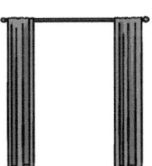

verho
завеса

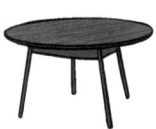

pöytä
сто

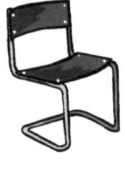

tuoli
столица

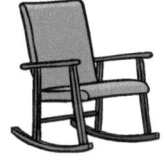

keinutuoli
столица за љихање

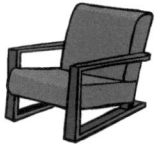

nojatuoli
фотеља

kirja

књига

peitto

дека

koriste

декорација

polttopuut

дрво за огрев

elokuva

филм

stereot

хи-фи уређај

avain

кључ

sanomalehti

новине

maalaus

слика на платну

juliste

постер

radio

радио

muistivihko

блок за писање

pölynimuri

усисивач

kaktus

кактус

kynttilä

свећа

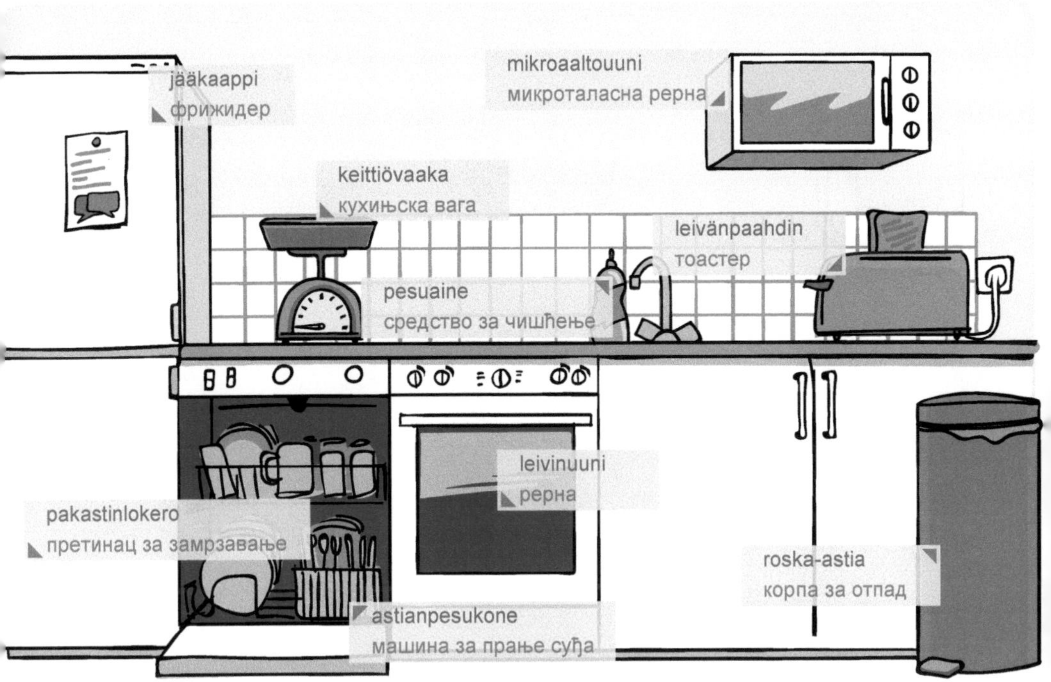

jääkaappi
фрижидер

mikroaaltouuni
микроталасна рерна

keittiövaaka
кухињска вага

leivänpaahdin
тостер

pesuaine
средство за чишћење

leivinuuni
рерна

pakastinlokero
претинац за замрзавање

roska-astia
корпа за отпад

astianpesukone
машина за прање суђа

liesi

шпорет

kattila

лонац

rautapata

гвоздени лонац

vokkipannu / kadai-pannu

вок / кадаи

paistinpannu

тава

teepannu

кувало за воду

höyrykeitin

кувало на пару

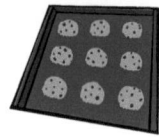

uunipelti

лим за печење

astiat

посуђе

muki

чаша

kulho

посуда

syömäpuikot

штапићи за јело

kauha

кутлача

paistinlasta

лопатица

vispilä

пењача

siivilä

сито за кување

siivilä

сито

raastin

рибеж

mortteli

мужар

grilli

роштиљ

avotuli

огњиште

leikkuulauta

даска

kaulin

оклагија

korkinavaaja

вадичеп

purkki

конзерва

purkinavaaja

отварач конзерви

pannulappu

крпа за лонац

lavuaari

судопер

tiskiharja

четка

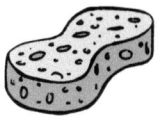

pesusieni

сунђер

tehosekoitin

миксер

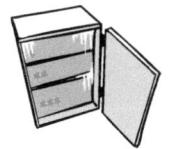

pakastin

замрзивач

tuttipullo

флашица за бебе

vesihana

славина за воду

kylpyhuone
купаоница

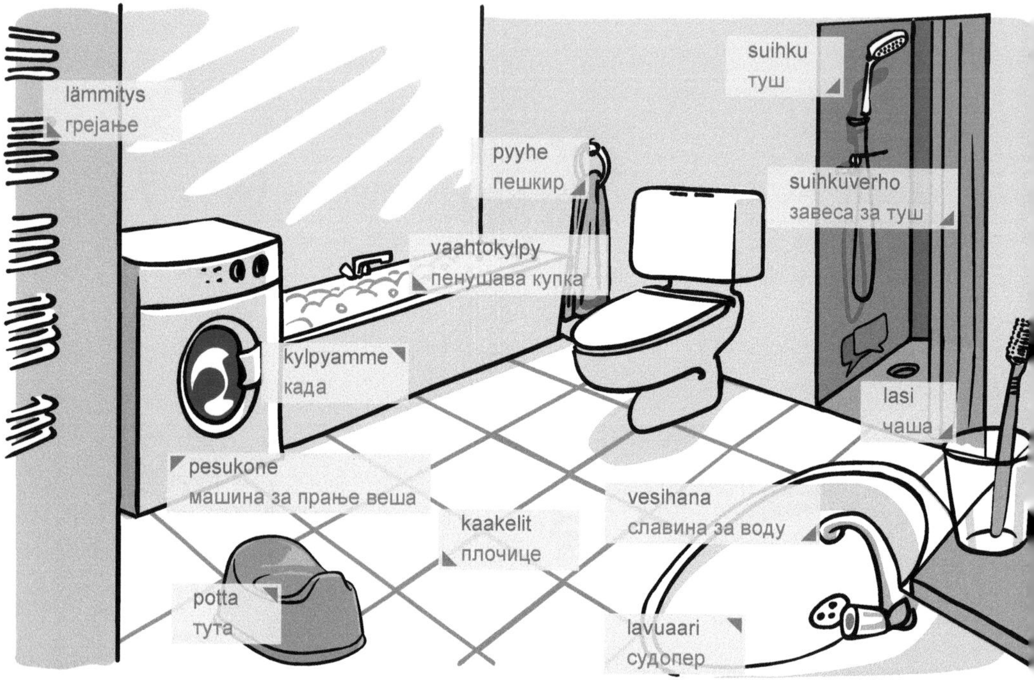
lämmitys
грејање
pyyhe
пешкир
suihku
туш
suihkuverho
завеса за туш
vaahtokylpy
пенушава купка
kylpyamme
када
lasi
чаша
pesukone
машина за прање веша
vesihana
славина за воду
kaakelit
плочице
potta
тута
lavuaari
судопер

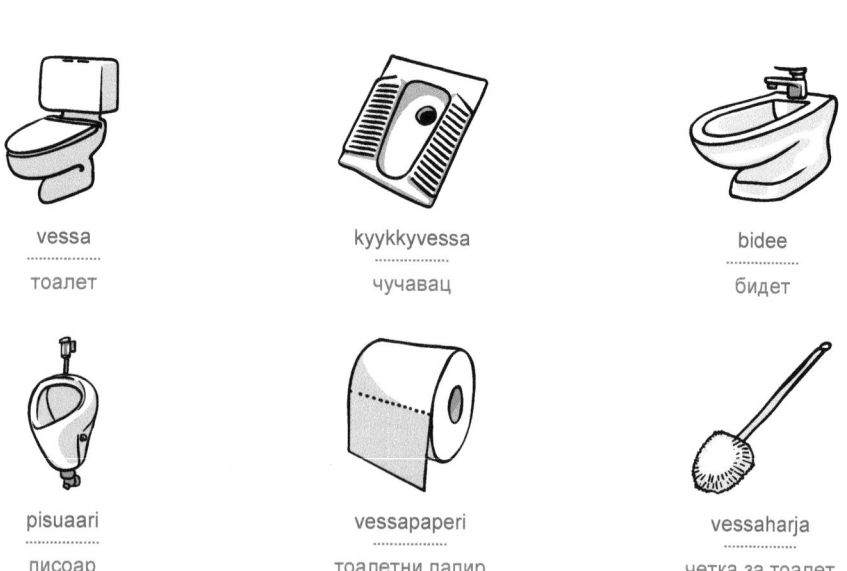

vessa

тоалет

kyykkyvessa

чучавац

bidee

бидет

pisuaari

писоар

vessapaperi

тоалетни папир

vessaharja

четка за тоалет

hammasharja

четкица за зубе

hammastahna

паста за зубе

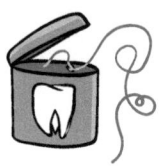

hammaslanka

конац за зубе

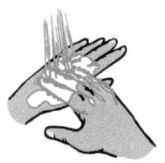

pestä

прати

käsisuihku

туш ручица

intiimisuihku

туш за прање интимних делова

pesuvati

лавор

selkäharja

четка за прање леђа

saippua

сапун

suihkugeeli

гел за туширање

shampoo

шампон

pesulappu

крпа за прање

viemäri

одвод

voide

крема

deodorantti

дезодоранс

peili

огледало

käsipeili

козметичко огледало

partaveitsi

бријач

partavaahto

пена за бријање

partavesi

лосион за после бријања

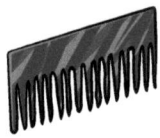

kampa

чешаљ

harja

четка

hiustenkuivaaja

фен за косу

hiuslakka

спреј за косу

meikki

шминка

huulipuna

руж за усне

kynsilakka

лак за нокте

pumpuli

вата

kynsisakset

маказе за нокте

hajuvesi

парфем

kosmetiikkalaukku

козметичка торбица

jakkara

столица

vaaka

вага

kylpytakki

огртач

kumihansikkaat

рукавице за чишћење

tamponi

тампон

terveysside

уложак

kemiallinen wc

хемијски тоалет

lastenhuone
дечија соба

herätyskello
будилник
pehmolelu
плишана играчка
leikkiauto
ауто играчка
helistin
звечка
nukkekoti
кућица за лутке
lahja
поклон

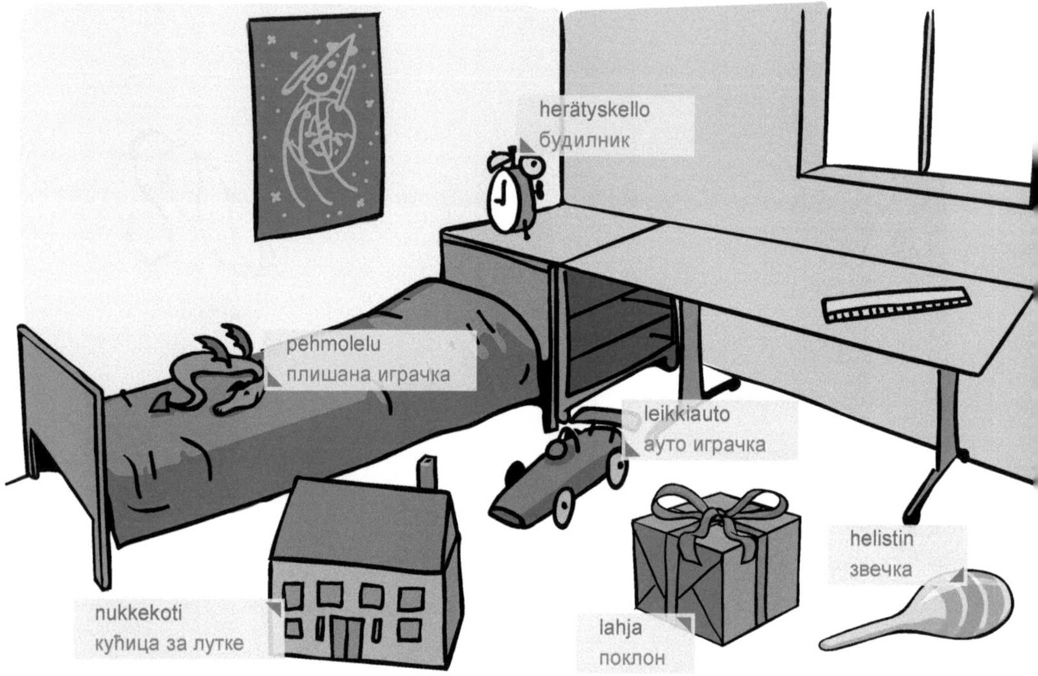

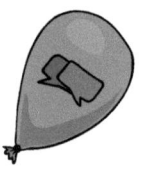

ilmapallo

балон

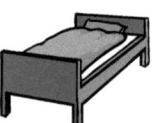

sänky

кревет

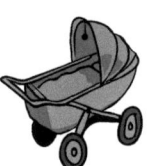

lastenvaunut

дјечија колица

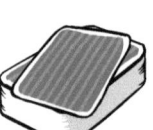

korttipeli

игра са картама

palapeli

слагалица

SUPER
MEGA

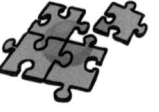

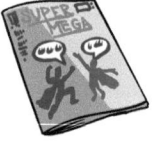

sarjakuva

стрип

legopalikat

лего коцкице

rakennuspalikat

коцкице за слагање

supersankari

акциони јунак

potkupuku

бенкица за бебе

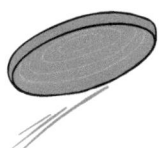

frisbee

фризби

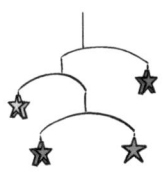

mobile

висеће играчке

lautapeli

друштвене игре

noppa

коцка

pienoisjunarata

минијатурна жељезница

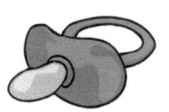

tutti

дуда

juhlat

забава

kuvakirja

сликовница

pallo

лопта

nukke

лутка

leikkiä

играти

hiekkalaatikko

пешчаник

keinu

љуљачка

lelut

играчка

pelikonsoli

конзола за игре

kolmipyörä

трицикл

nalle

теди

vaatekaappi

ормар

vaatteet

одећа

sukat

кратке чарапе

nylonsukat

чарапе

sukkahousut

хулахопке

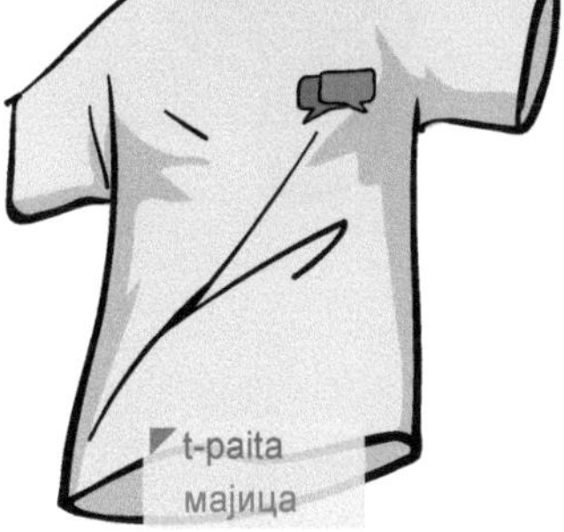

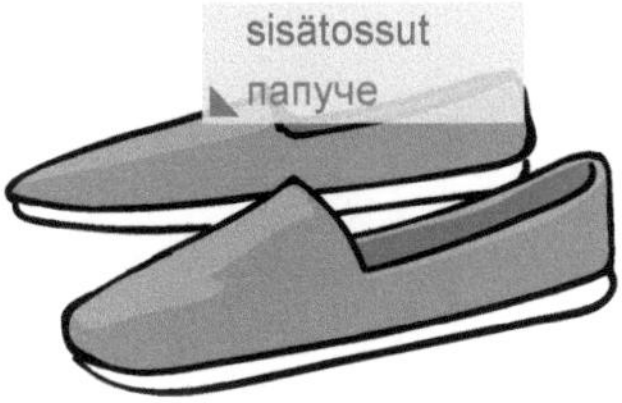

kaulaliina
шал

sateenvarjo
кишобран

vyö
каиш

t-paita
мајица

saappaat
чизме

sisätossut
папуче

lenkkarit
патике

sandaalit
сандале

kengät
ципеле

kumisaappaat
гумене чизме

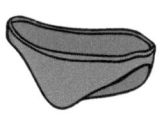

alushousut
гаћице

rintaliivit
грудњак

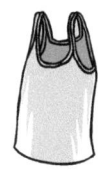

aluspaita
поткошуља

body

боди

housut

панталоне

farkut

фармерке

hame

сукња

pusero

блуза

paita

кошуља

villapaita

џемпер

collegepaita

џемпер с капуљачом

jakku

сако

takki

јакна

takki

мантил

sadetakki

кабаница

puku

костим

mekko

хаљина

hääpuku

венчаница

puku

одело

yöpaita

спаваћица

pyjama

пиџама

shari

сари

päähuivi

марама за главу

turbaani

турбан

burka

бурка

kaftaani

кафтан

abaya

абаја

uimapuku

купаћи костим

uimahousut

купаће гаћице

shortsit

кратке панталоне

verkkarit

одећа за тренинг

esiliina

кецеља

käsineet

рукавице

nappi

дугме

silmälasit

наочаре

rannekoru

наруквица

kaulakoru

огрлица

sormus

прстен

korvakoru

наушница

lippalakki

капа

ripustin

вешалица

hattu

шешир

solmio

кравата

vetoketju

патент затварач

kypärä

кацига

henkselit

нараменице

koulupuku

школска униформа

univormu

униформа

ruokalappu

подбрадак

tutti

дуда

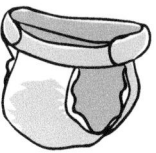

vaippa

пелена

toimisto
канцеларија

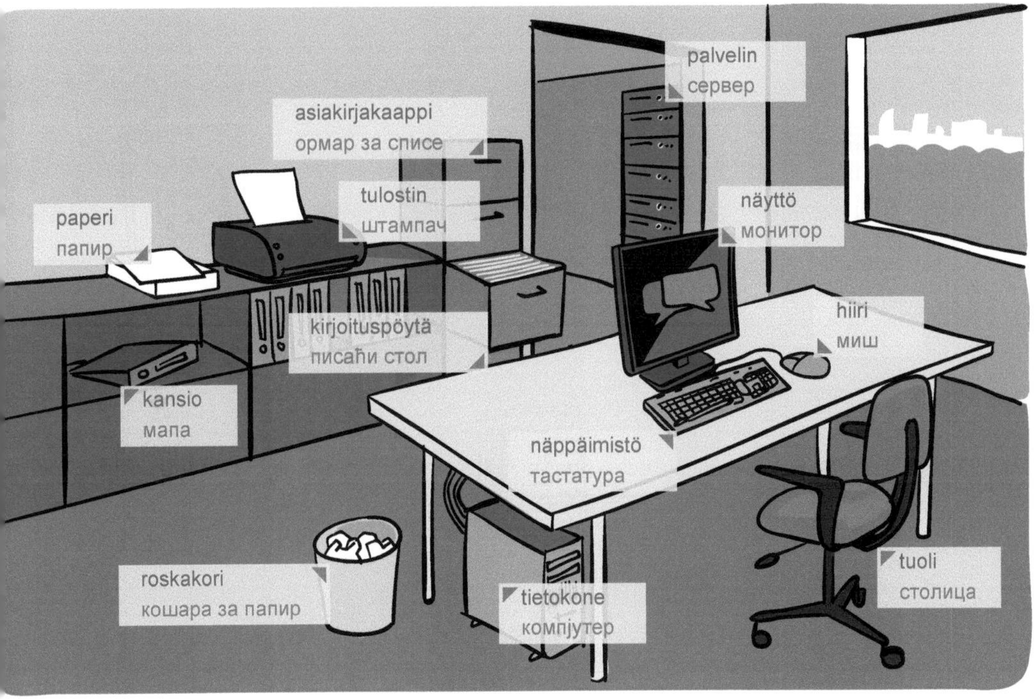

palvelin
сервер

asiakirjakaappi
ормар за списе

tulostin
штампач

näyttö
монитор

paperi
папир

hiiri
миш

kirjoituspöytä
писаћи сто

kansio
мапа

näppäimistö
тастатура

roskakori
кошара за папир

tuoli
столица

tietokone
компјутер

kahvimuki

шалица за каву

taskulaskin

калкулатор

internet

интернет

kannettava tietokone

лаптоп

kirje

писмо

viesti

порука

kännykkä

мобилни телефон

verkko

мрежа

kopiokone

уређај за копирање

ohjelmisto

софтвер

puhelin

телефон

pistorasia

утичница

faksi

факс

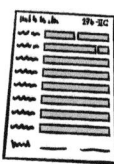

lomake

формулар

asiakirja

документ

ostaa

куповати

maksaa

платити

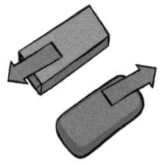

vaihtaa

трговати

raha

новац

dollari

долар

euro

евро

jeni

јен

rupla

рубља

frangi

швајцарски франак

renminbi juan

ренминдби јуан

rupia

рупија

pankkiautomaatti

аутомат за новац

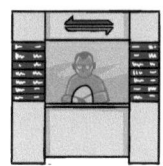

rahanvaihto

мењачница

kulta

злато

hopea

сребро

öljy

нафта

energia

енергија

hinta

цена

sopimus

уговор

vero

порез

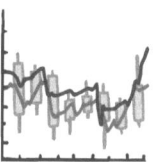

osake

деонице

työskennellä

радити

työntekijä

службеник

työnantaja

послодавац

tehdas

фабрика

liike

продавница

ammatit
занимања

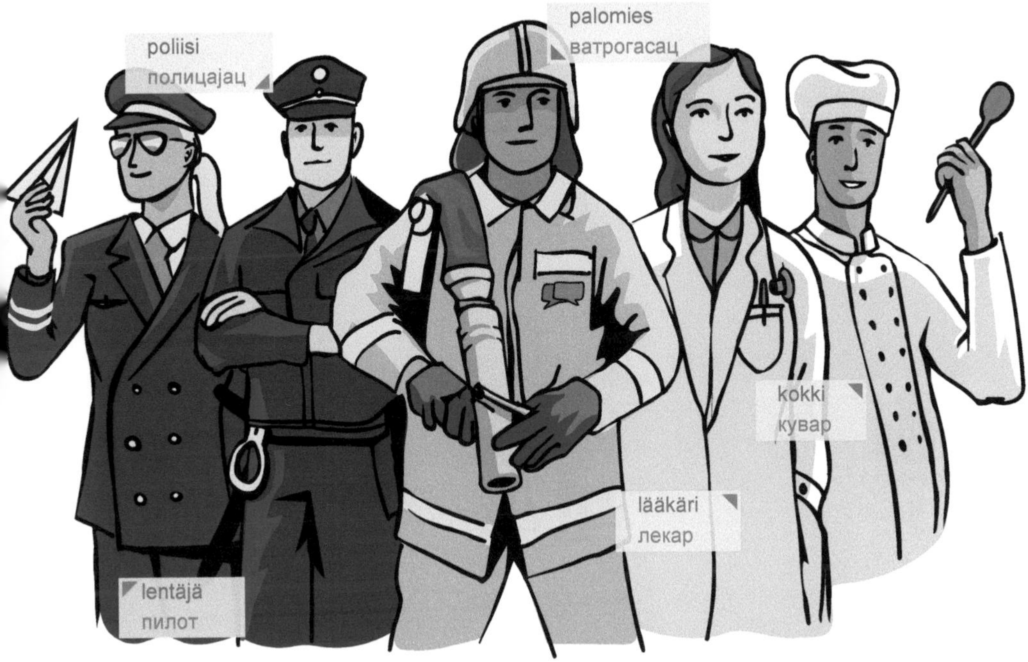
poliisi
полицајац
palomies
ватрогасац
kokki
кувар
lääkäri
лекар
lentäjä
пилот

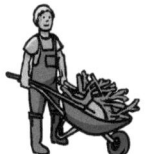

puutarhuri

вртлар

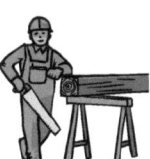

puuseppä

столар

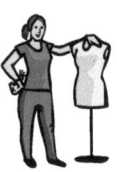

ompelija

кројачица

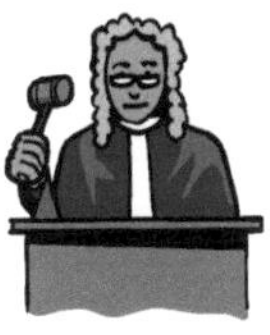

tuomari

судија

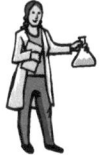

kemisti

хемичар

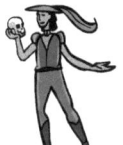

näyttelijä

глумац

linja-autonkuljettaja

возач аутобуса

taksinkuljettaja

возач таксија

kalastaja

рибар

siivooja

чистачица

katontekijä

кровопокривач

tarjoilija

конобар

metsästäjä

ловац

maalari

сликар

leipuri

пекар

sähköasentaja

електричар

rakentaja

грађевински радник

insinööri

инжењер

teurastaja

месар

putkiasentaja

лимар

postinjakaja

поштар

sotilas

војник

arkkitehti

архитекта

kassanhoitaja

благајник

floristi

цвећар

kampaaja

фризер

konduktööri

кондуктер

mekaanikko

механичар

kapteeni

капетан

hammaslääkäri

зубар

tiedemies

научник

rabbi

раби

imaami

имам

munkki

монах

pappi

свећеник

työkalut
алати

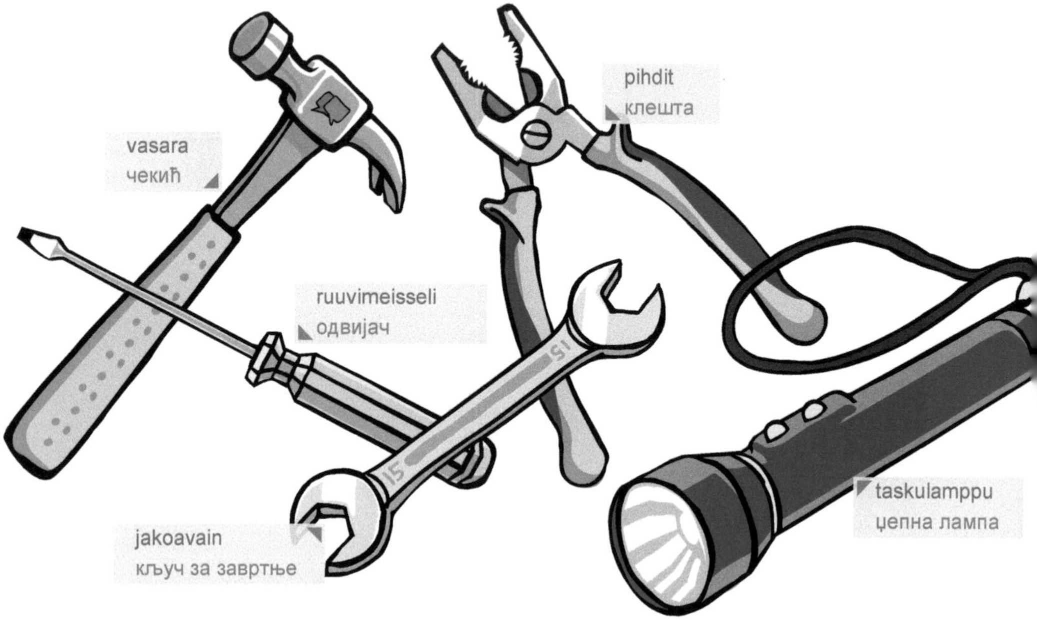
vasara
чекић
pihdit
клешта
ruuvimeisseli
одвијач
jakoavain
кључ за завртње
taskulamppu
џепна лампа

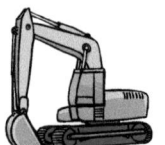

kaivinkone
багер

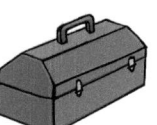

työkalupakki
кутија за алат

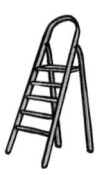

tikkaat
мердевине

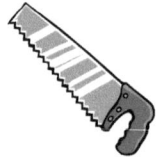

saha
пила

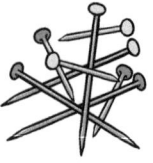

naulat
ексер

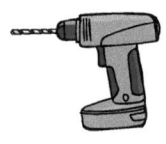

pora
бушилица

korjata

поправити

lapio

лопата

Hitto!

до ђавола!

rikkalapio

лопатица

maalipurkki

лонац за боју

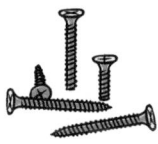

ruuvit

завртањи

soittimet

музички инструмент

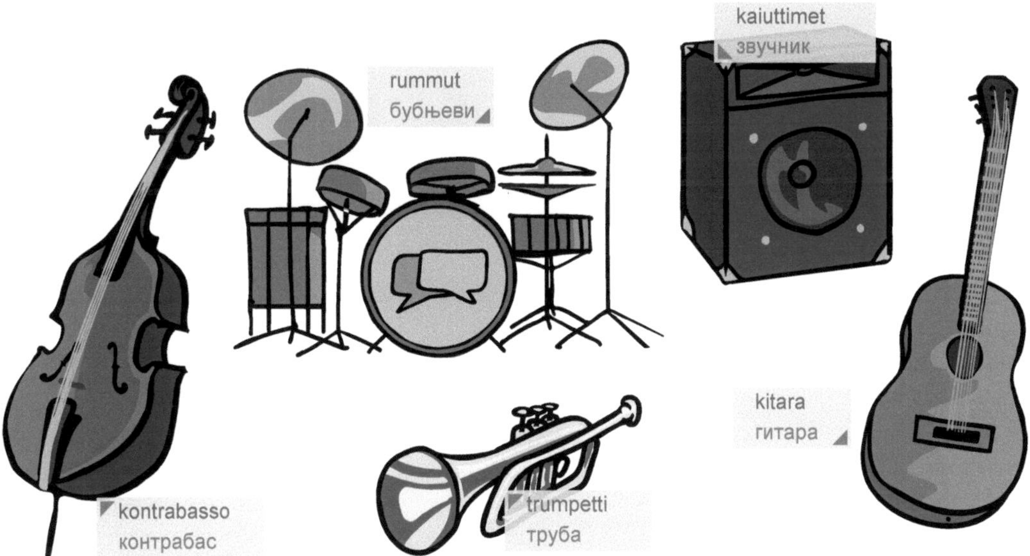

rummut
бубњеви

kaiuttimet
звучник

kitara
гитара

kontrabasso
контрабас

trumpetti
труба

piano

клавир

viulu

виолина

basso

бас

patarummut

тимпани

rumpu

удараљке за бубњеве

kosketinsoitin

типке клавира

saksofoni

саксофон

huilu

флаута

mikrofoni

микрофон

eläintarha

зоолошки врт

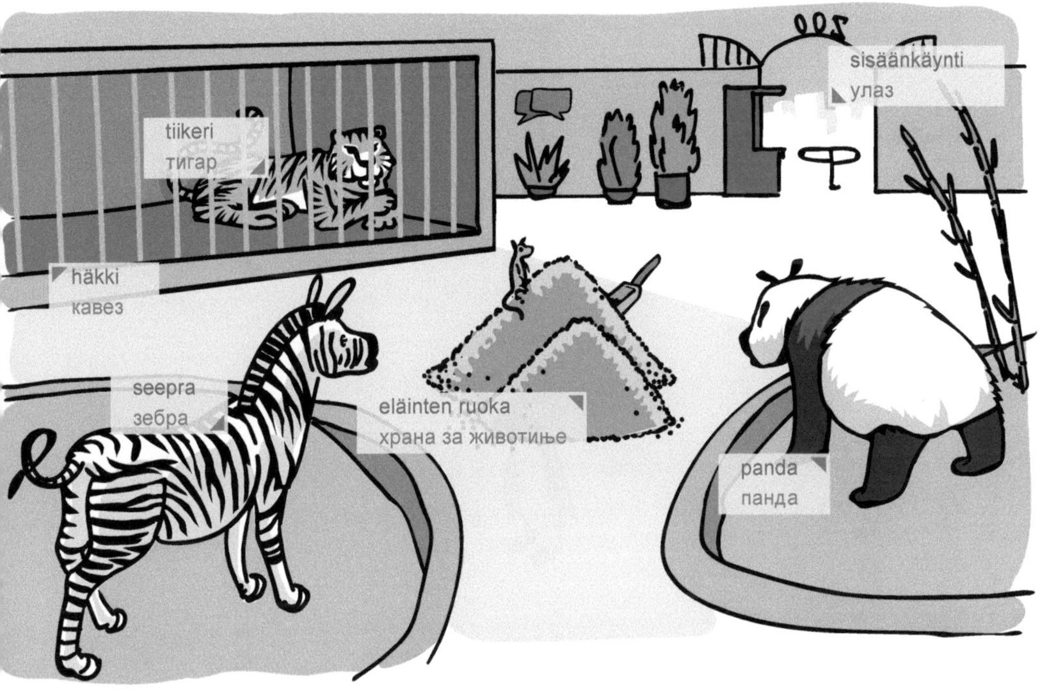

sisäänkäynti
улаз
tiikeri
тигар
häkki
кавез
seepra
зебра
eläinten ruoka
храна за животиње
panda
панда

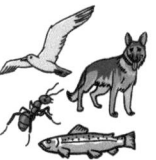

eläimet

животиње

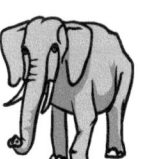

norsu

слон

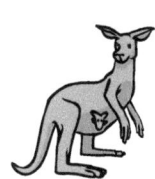

kenguru

кенгур

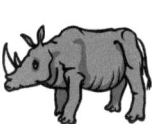

sarvikuono

носорог

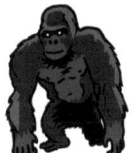

gorilla

горила

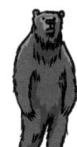

karhu

медвед

kameli

камила

strutsi

ноj

leijona

лав

apina

маjмун

flamingo

фламинго

papukaija

папагаj

jääkarhu

поларни медвед

pingviini

пингвин

hai

аjкула

riikinkukko

паун

käärme

змиjа

krokotiili

крокодил

eläintarhanhoitaja

чувар у зоолошком врту

hylje

туљан

jaguaari

jагуар

poni

пони

leopardi

леопард

virtahepo

нилски коњ

kirahvi

жирафа

kotka

орао

villisika

дивља свиња

kala

риба

kilpikonna

корњача

mursu

морж

kettu

лисица

gaselli

газела

eläintarha - зоолошки врт

amerikkalainen jalkapallo
амерички ногомет

pyöräily
бициклизам

tennis
тенис

koripallo
кошарка

uinti
пливање

nyrkkeily
бокс

jääkiekko
хокеј на леду

jalkapallo

фудбал

sulkapallo

бадминтон

yleisurheilu

атлетика

käsipallo

рукомет

hiihto

скијање

poolo

поло

aktiviteetit

активности

hypätä
скочити
halata
загрлити
nauraa
смејати се
kävellä
ићи
laulaa
певати
unelmoida
сањати
rukoilla
молити се
suudella
пољубити

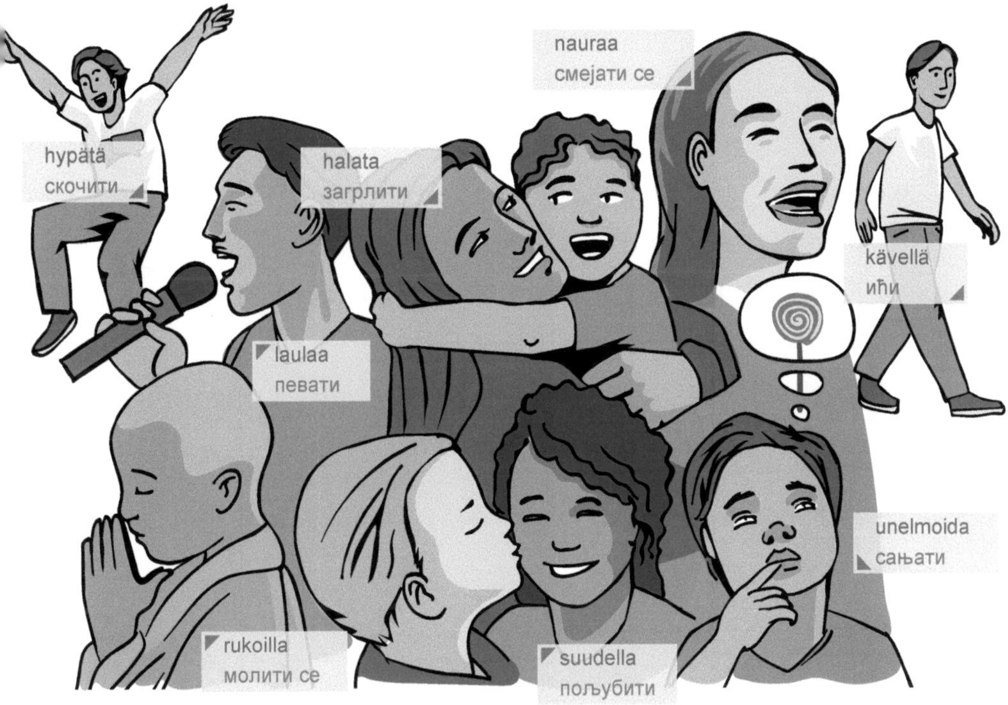

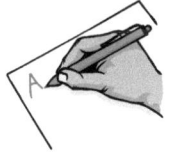

kirjoittaa

писати

piirtää

цртати

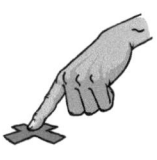

näyttää

показати

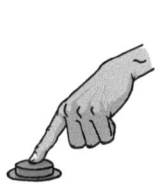

painaa

гурати

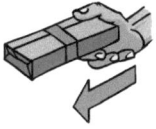

antaa

дати

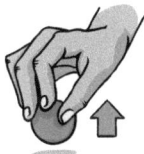

ottaa

узети

omistaa

имати

tehdä

чинити

olla

бити

seisoa

стојати

juosta

трчати

vetää

повлачити

heittää

бацити

kaatua

падати

maata

лежати

odottaa

чекати

kantaa

носити

istua

седити

pukeutua

облачити

nukkua

спавати

herätä

пробудити се

katsoa

гледати

itkeä

плакати

silittää

миловати

kammata

чешљати

puhua

говорити

ymmärtää

разумети

kysyä

питати

kuunnella

слушати

juoda

пити

syödä

јести

siivota

поспремити

rakastaa

волети

keittää

кухати

ajaa

возити

lentää

летети

purjehtia

пловити

laskea

рачунати

lukea

читати

oppia

учити

työskennellä

радити

mennä naimisiin

венчати се

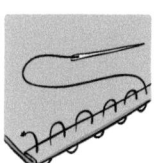

ommella

шити

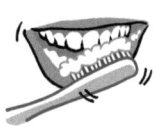

pestä hampaat

прати зубе

tappaa

убити

tupakoida

пушити

lähettää

послати

perhe
породица

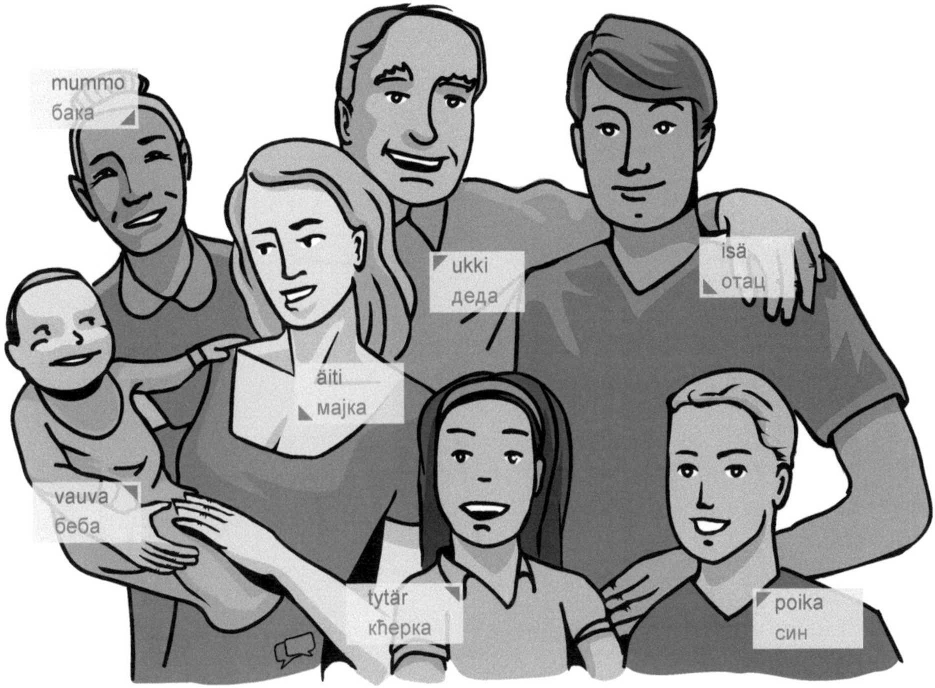
mummo
бака
ukki
деда
isä
отац
äiti
мајка
vauva
беба
tytär
кћерка
poika
син

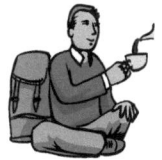

vieras

гост

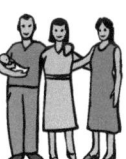

täti

тетка

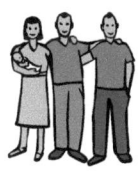

setä

ујак, стриц

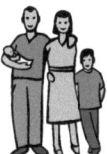

veli

брат

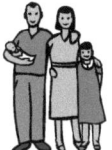

sisko

сестра

vartalo

тело

otsa
чело
silmä
око
olkapää
раме
sormet
прст
kasvot
лице
leuka
брада
käsi
рука
jalka
нога
rinta
груди
käsivarsi
рука

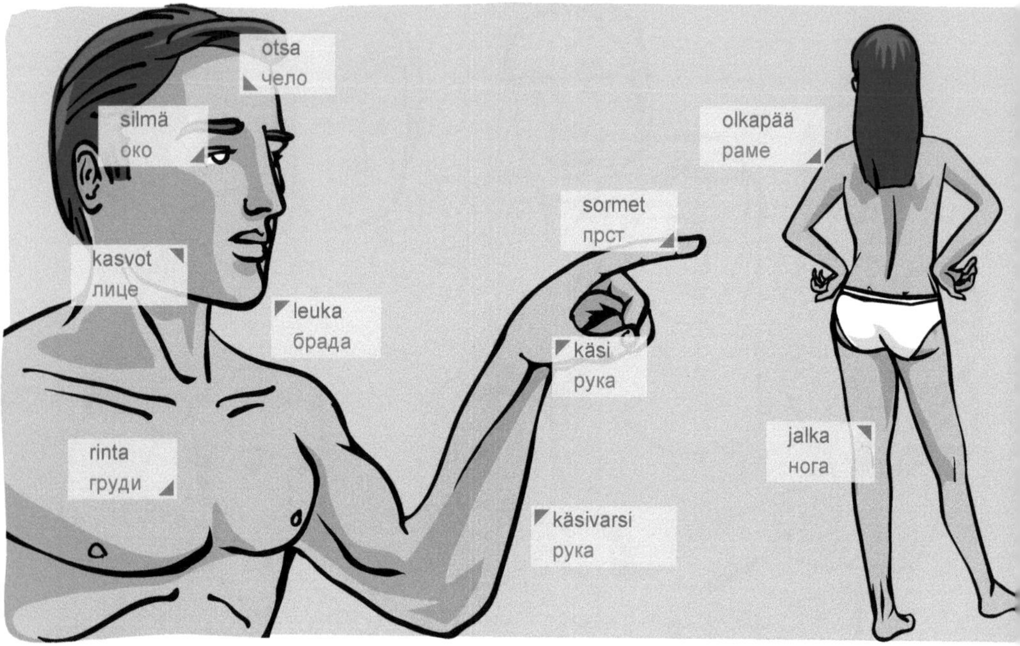

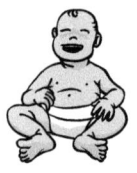

vauva

беба

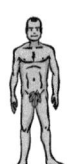

mies

мушкарац

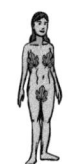

nainen

жена

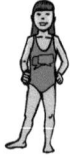

tyttö

девојчица

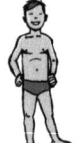

poika

дечак

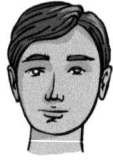

pää

глава

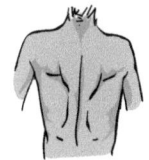

selkä

леђа

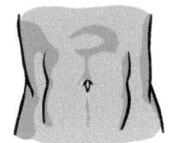

maha

стомак

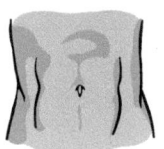

napa

пупак

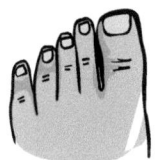

varvas

ножни прст

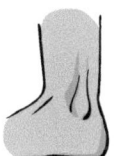

kantapää

пета

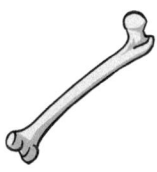

luu

кост

lantio

кукови

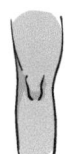

polvi

колено

kyynärpää

лакат

nenä

нос

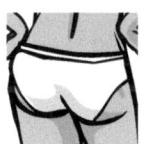

takapuoli

задњица

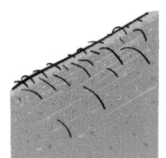

iho

кожа

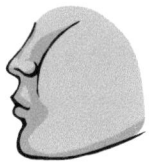

poski

образ

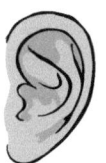

korva

уво

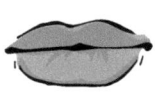

huuli

усна

suu

уста

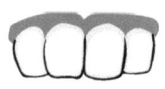

hammas

зуб

kieli

језик

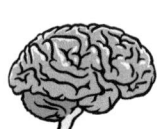

aivot

мозак

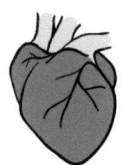

sydän

срце

lihas

мишић

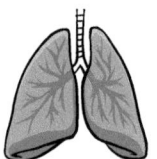

keuhkot

плућа

maksa

јетра

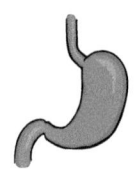

vatsa

желудац

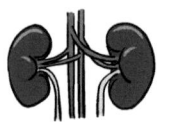

munuaiset

бубрези

seksi

полни однос

kondomi

кондом

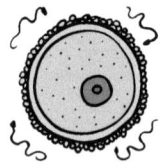

munasolu

јајна ћелија

sperma

сперма

raskaus

трудноћа

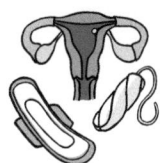

kuukautiset

менструација

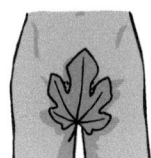

vagina

вагина

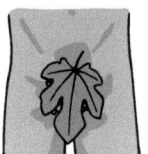

penis

пенис

kulmakarvat

обрва

hiukset

коса

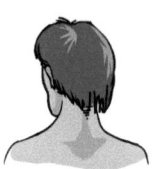

niska

врат

sairaala
болница

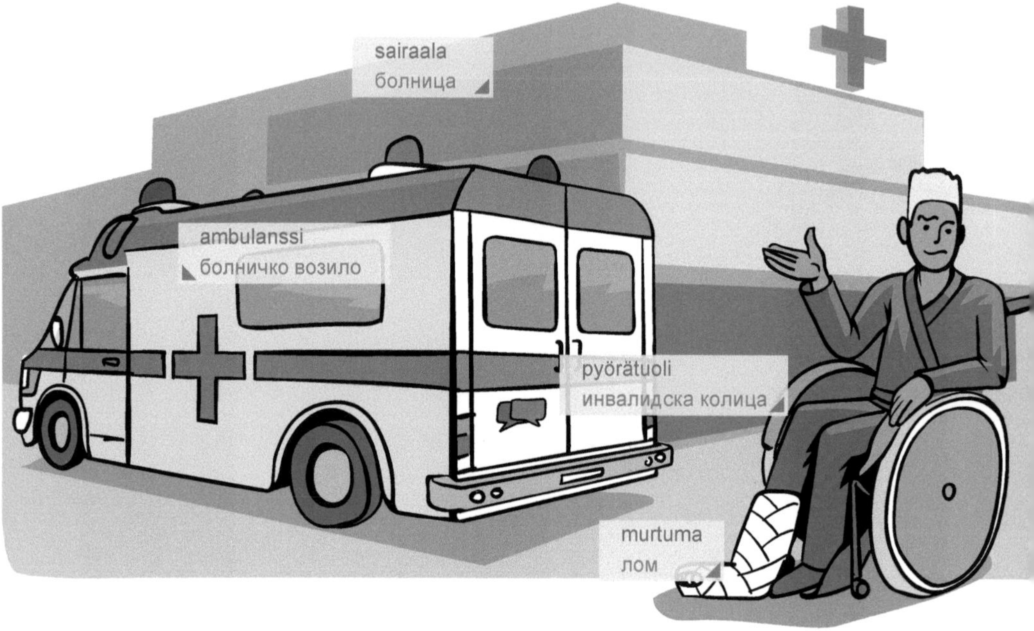

sairaala
болница
ambulanssi
болничко возило
pyörätuoli
инвалидска колица
murtuma
лом

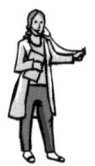

lääkäri

лекар

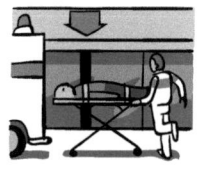

ensiapu

хитна медицинска служба

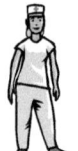

sairaanhoitaja

медицинска сестра

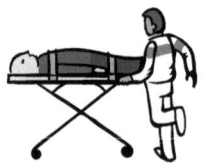

hätätilanne

хитни случај

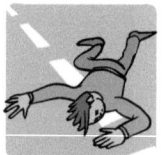

tajuton

несвест

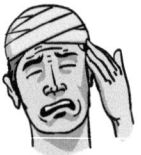

kipu

бол

vamma

повреда

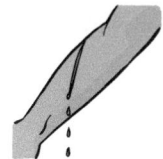

verenvuoto

крварење

sydänkohtaus

срчани удар

aivoinfarkti

удар

allergia

алергија

yskä

кашаљ

kuume

грозница

flunssa

грипа

ripuli

пролив

päänsärky

главобоља

syöpä

рак

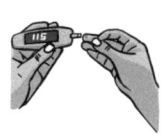

diabetes

дијабетес

kirurgi

хирург

veitsi

скалпел

leikkaus

операција

ct

цт

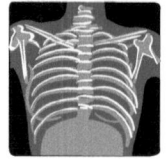

röntgen

рентген

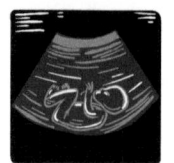

ultraääni

ултразвук

maski

маска

sairaus

болест

odotushuone

чекаона

sauva

штака

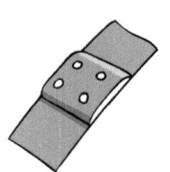

laastari

фластер

side

завој

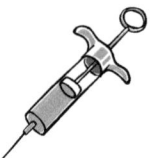

pistos

ињекција

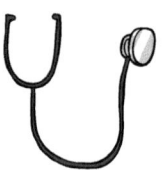

stetoskooppi

стетоскоп

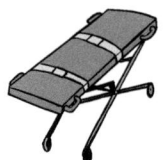

paarit

носила

kuumemittari

термометар

syntymä

рођење

ylipaino

прекомерна тежина

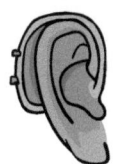

kuulolaite

слушни апарат

desinfiointiaine

средство за дезинфекцију

infektio

инфекција

virus

вирус

HIV / AIDS

хив / аидс

lääke

медицина

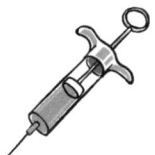

rokotus

вакцинација

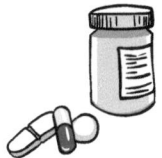

tabletit

таблете

pilleri

пилула

hätäpuhelu

хитни позив

verenpainemittari

уређај за мерење
притиска

sairas / terve

болесно / здраво

Apua!

помоћ!

hälytys

аларм

ryöstö

насртај

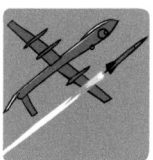

hyökkäys

напад

vaara

опасност

hätäuloskäynti

излаз у случају нужде

Tulipalo!

пожар!

palosammutin

противпожарни апарат

onnettomuus

незгода

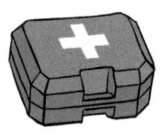

ensiapulaukku

кутија прве помоћи

SOS

SOS

сос

poliisilaitos

полиција

Eurooppa

Европа

Pohjois-Amerikka

Северна Америка

Etelä-Amerikka

Јужна Америка

Afrikka

Африка

Aasia

Азија

Australia

Аустралија

Atlantin valtameri

Атлантик

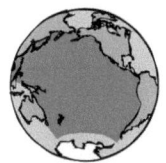

Tyynimeri

Пацифик

Intian valtameri

Индијски океан

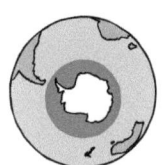

Eteläinen jäämeri

Антарктички океан

Pohjoinen jäämeri

Арктички океан

pohjoisnapa

Северни рол

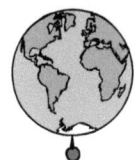

etelänapa
··················
Јужни рол

Antarktis
··················
Антарктик

maa
··················
земља

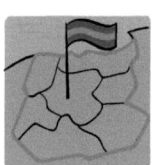

maa
··················
земља

meri
··················
море

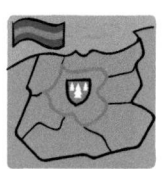

saari
··················
оток

kansa
··················
нација

osavaltio
··················
држава

kellotaulu

бројчаник сата

tuntiviisari

сатна казаљка

minuuttiviisari

минутна казаљка

sekuntiviisari

секундна казаљка

Paljonko kello on?

Колико је сати?

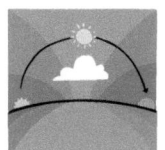

päivä

дан

aika

време

nyt

сада

digitaalikello

дигитални сат

minuutti

минута

tunti

час

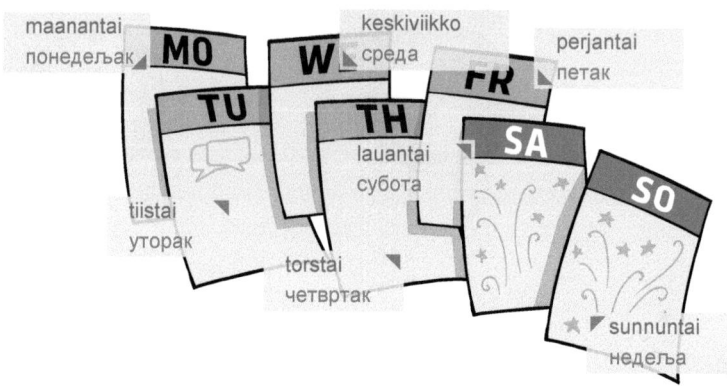

maanantai
понедељак
MO
W
keskiviikko
среда
perjantai
петак
TU
TH
lauantai
субота
SA
tiistai
уторак
FR
SO
torstai
четвртак
sunnuntai
недеља

eilen
jуче

tänään
данас

huomenna
сутра

aamu
jутро

keskipäivä
подне

ilta
вече

MO	TU	WE	TH	FR	SA	SU
1	2	3	4	5	6	7
8	9	10	11	12	13	14
15	16	17	18	19	20	21
22	23	24	25	26	27	28
29	30	31	1	2	3	4

työpäivät
радни дани

MO	TU	WE	TH	FR	SA	SU
1	2	3	4	5	6	7
8	9	10	11	12	13	14
15	16	17	18	19	20	21
22	23	24	25	26	27	28
29	30	31	1	2	3	4

viikonloppu
викенд

vuosi

година

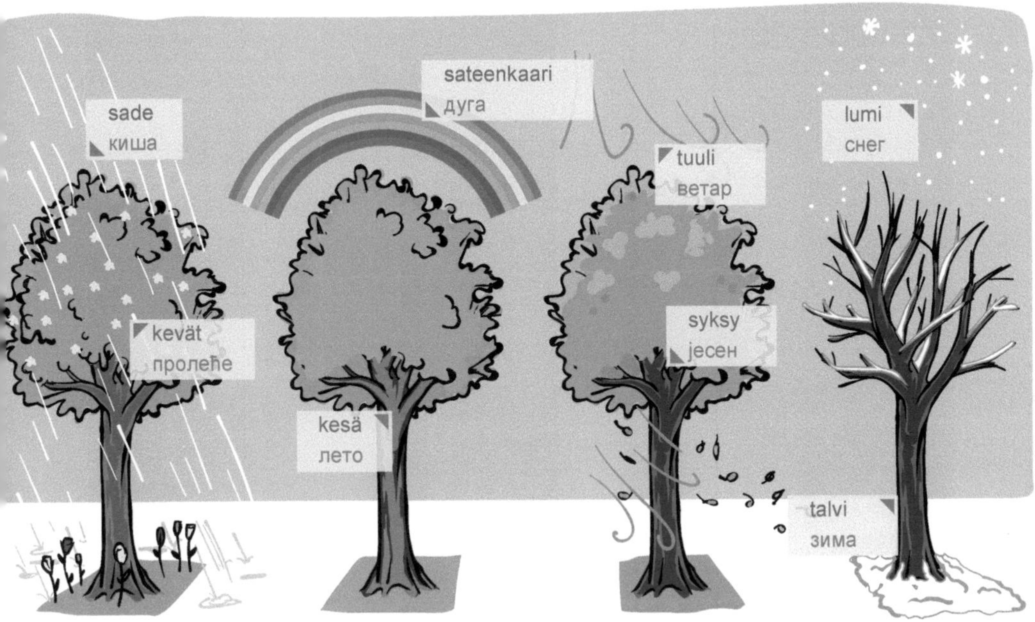
sade
киша
sateenkaari
дуга
tuuli
ветар
lumi
снег
kevät
пролеће
kesä
лето
syksy
јесен
talvi
зима

4.APRIL 11°
5.APRIL 4°
6.APRIL 13°
7.APRIL 8°
8.APRIL 10°

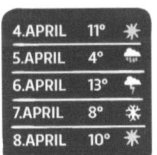

sääennuste

метеоролошка прогноза

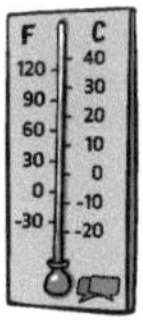
F
C
120
90
60
30
0
-30
40
30
20
10
0
-10
-20

lämpömittari

термометар

auringonpaiste

сунчана светлост

pilvi

облак

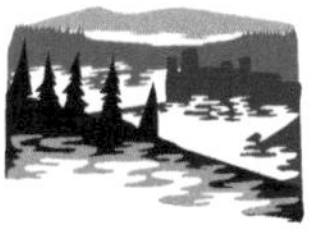

sumu

магла

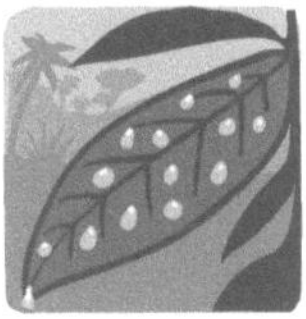

ilmankosteus

влажност ваздуха

salama

муња

ukkonen

грмљавина

myrsky

олуја

rae

туча

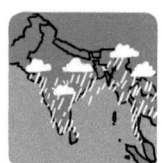

monsuuni

монсун

tulva

поплава

jää

лед

tammikuu

јануар

helmikuu

фебруар

maaliskuu

март

huhtikuu

април

toukokuu

мај

kesäkuu

јуни

heinäkuu

јули

elokuu

август

syyskuu

септембар

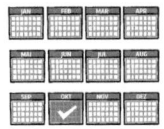

lokakuu

октобар

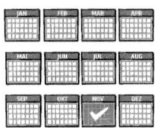

marraskuu

новембар

joulukuu

децембар

muodot
облици

ympyrä

круг

neliö

квадрат

suorakulmio

правоугао

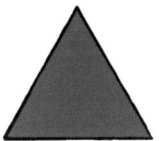

kolmio

троугао

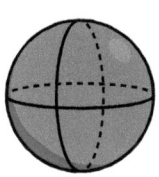

pallo

кугла

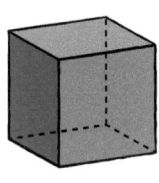

kuutio

коцка

valkoinen

бела

keltainen

жута

oranssi

наранџаста

vaaleanpunainen

ружичаста

punainen

црвена

violetti

љубичаста

sininen

плава

vihreä

зелена

ruskea

смеђа

harmaa

сива

musta

црна

paljon / vähän
много / мало

vihainen / ystävällinen
љутито / мирно

kaunis / ruma
лепо / ружно

alku / loppu
почетак / крај

suuri / pieni
велико / малено

vaalea / tumma
светло / тамно

veli / sisko
брат / сестра

puhdas / likainen
чисто / прљаво

täydellinen / epätäydellinen

потпуно / непотпуно

päivä / yö
дан / ноћ

kuollut / elävä
мртво / живо

leveä / kapea
широко / уско

syötävä / syömäkelvoton

jестиво / нejестиво

paha / kiltti

зло / добро

innostunut / tylsistynyt

узбуђено / досадно

lihava / laiha

дебело / мршаво

ensimmäinen / viimeinen

на почетку / на крају

ystävä / vihollinen

пријатељ / непријатељ

täysi / tyhjä

пуно / празно

kova / pehmeä

тврдо / мекано

painava / kevyt

тешко / лагано

nälkä / jano

глад / жеђ

sairas / terve

болесно / здраво

laiton / laillinen

илегално / легално

älykäs / tyhmä

паметно / глупо

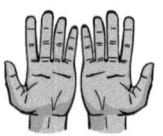

vasen / oikea

лево / десно

lähellä / kaukana

близу / далеко

uusi / käytetty
ново / половно

ei mitään / jotain
ништа / нешто

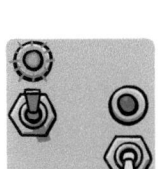

päällä / pois päältä
укључено / искључено

auki / kiinni
отворено / затворено

hiljainen / äänekäs
тихо / гласно

rikas / köyhä
богато / сиромашно

oikein / väärin
тачно / погрешно

karhea / sileä
храпаво / глатко

surullinen / iloinen
тужно / сретно

lyhyt / pitkä
кратко / дуго

hidas / nopea
полако / брзо

märkä / kuiva
мокро / сухо

lämmin / viileä
топло / хладно

sota / rauha
рат / мир

0	1	2
nolla	yksi	kaksi
нула	један	два

3	4	5
kolme	neljä	viisi
три	четири	пет

6	7	8
kuusi	seitsemän	kahdeksan
шест	седам	осам

9	10	11
yhdeksän	kymmenen	yksitoista
девет	десет	једанаест

12
kaksitoista

дванаест

13
kolmetoista

тринаест

14
neljätoista

четрнаест

15
viisitoista

петнаест

16
kuusitoista

шестнаест

17
seitsemäntoista

седамнаест

18
kahdeksantoista

осамнаест

19
yhdeksäntoista

деветнаест

20
kaksikymmentä

двадесет

100
sata

стотину

1.000
tuhat

хиљаду

1.000.000
miljoona

милион

englanti

енглески

amerikanenglanti

амерички енглески

mandariinikiina

мандарински кинески

hindi

хиндски

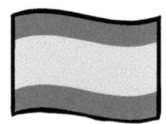

espanja

шпански

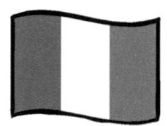

ranska

француски

arabia

арапски

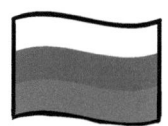

venäjä

руски

portugali

португалски

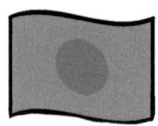

bengali

бенгалски

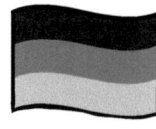

saksa

немачки

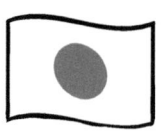

japani

јапански

minä

ja

sinä

ти

hän

он / она / оно

me

ми

te

ви

he

они

kuka?

Ко?

mitä / mikä?

Шта?

miten?

Како?

missä?

Где?

milloin?

Када?

nimi

име

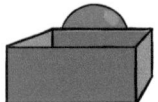

takana

иза

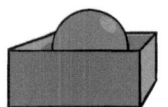

sisällä

у

edessä

испред

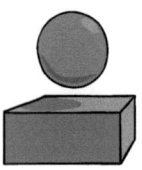

yläpuolella

преко

päällä

на

alapuolella

испод

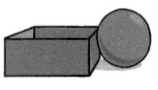

vieressä

поред

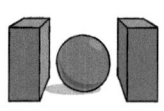

välissä

између

paikka

место